Les lettres et fragmens qui suivent sont de MM. :

PAGES.

Imprimerie de FÉLIX MALTESTE et Cie, rue des Deux-Portes-Saint-Sauveur, 18.

1841

MINISTÈRE
DE LA GUERRE.

—

*Personnel et adminis-
tration.*

—

2ᵉ DIVISION.

—

Bureau des États-
Majors.

—

PAR ORDRE

DU

MINISTRE SECRÉTAIRE D'ÉTAT DE LA GUERRE.

Le Conseiller d'Etat secrétaire-général certifie à tous ceux qu'il appartiendra qu'il résulte des pièces déposées au bureau des Etats-Majors, que les services de M. RENAUD DE VILBACK (Alphonse-Ernest-Bernard-Maximilien), né à Montpellier, département de l'Hérault, le 8 avril 1788, sont établis ainsi qu'il suit :

ÉLÈVE à l'École spéciale Militaire, le **26 mai 1806**.

SOUS-LIEUTENANT au 17ᵉ régiment d'infanterie légère, le **14 décembre 1806**.

LIEUTENANT le **17 août 1809**. — Aide-de-camp du général Cabannes de Puymisson, le 27 mars 1810. — Aide-de-camp du général Maurice Mathieu, le 1ᵉʳ décembre 1812.

CAPITAINE le **8 février 1813**. — En non activité le 1ᵉʳ janvier 1816. — Aide-de-camp du général Maurice Mathieu, le 1ᵉʳ décembre 1818. — Disponible le 1ᵉʳ février 1822. — Employé à l'État-Major de la 19ᵉ division militaire le 22 février 1823. — Disponible le 2 janvier 1824. — Admis au traitement de réforme par décision royale du 10 juin 1829. — Employé à l'État-Major de la 9ᵉ division militaire, le 3 octobre 1830. — Réintégré dans le corps d'État-Major et maintenu dans son emploi par ordonnance du 8 octobre 1830.

CHEF DE BATAILLON le **31 décembre 1831**. — Disponible le 11 février 1832. — Aide-de-camp du général Gudin le 1ᵉʳ septembre 1832. — Disponible le 1ᵉʳ janvier 1833. — Employé à la division des Pyrénées-Occidentales le 29 octobre 1834. — Passé à l'État-Major de la 20ᵉ division militaire le 1ᵉʳ novembre 1835. — Disponible le 25 novembre 1837.

CAMPAGNES. — Fin de 1806, 1807 à la grande armée. — Prisonnier de guerre le 11 juin 1807. — Rendu le 11 septembre suivant. — Partie de 1808 à la grande armée. — Fin de 1808, 1809, 1810, 1811, 1812 et 1813, armées de Portugal et de Catalogne ; 1814 en France.

DÉCORATIONS. — **Chevalier** de l'ordre royal de la Légion-d'Honneur, le 25 novembre 1813. — **Officier** le 23 avril 1821 (¹).

En foi de quoi il a délivré le présent certificat pour servir et valoir ce que de raison.

Fait à Paris, le 18 août 1841.

Signé MARTINEAU.

(¹) Chevalier de Saint-Louis, le 17 août 1822. — Chevalier extraordinaire, de nombre, de l'ordre de Charles III d'Espagne, le 9 juin 1836.

ARMÉE
DE CATALOGNE.

—

Dépêche du Ministre,
du 9 septembre.

A M. Renaud de Vilback, *lieutenant, aide-de-camp du
général baron de Puymisson.*

Gironne, le 19 septembre 1812.

Monsieur,

Son excellence le Ministre de la guerre me charge de vous
témoigner sa satisfaction et celle de l'Empereur, pour votre
conduite distinguée à la prise du Mont-Serrat, les 28 et 29 juillet dernier.

Je me félicite d'avoir obtenu pour vous ce prix flatteur du
courage et du dévouement dont vous avez fait preuve dans
cette affaire, et dans toutes celles où je vous ai vu servir à l'armée de Catalogne.

J'ai l'honneur de vous saluer avec considération.

Le général commandant en chef,

Signé le comte Decaen.

19ᵉ Division militaire.

—

Personnel.

A S. E. le Ministre de la guerre.

Lyon, le 25 janvier 1818.

Monseigneur,

Permettez que je sollicite de votre justice et de votre bienveillance le grade de chef de bataillon pour M. Renaud de
Vilback, mon aide-de-camp. Cet officier, dont je joins ici l'état
des services, s'est distingué à plusieurs reprises à la guerre ;
il a des connaissances bien au-dessus de la place qu'il occupe
et qui le rendent digne de parvenir aux premiers emplois. Son
caractère, son éducation, sa moralité, ses talens militaires, sa
brillante valeur et son dévouement au roi et à l'état, militent

puissamment en sa faveur. Je prie très instamment votre excellence d'accueillir favorablement ma demande, qui est dépouillée de tout sentiment de partialité et de faveur.

Veuillez, etc.

Le lieutenant-général commandant la 19e *division militaire,*

Signé comte MAURICE MATHIEU DE LA REDORTE.

9e Division militaire.

—

Direction du personnel.

—

État-Major.

Montpellier, le 21 novembre 1830.

MONSIEUR LE MARÉCHAL,

J'ai l'honneur de transmettre. . . . . .

La demande de M. de Vilback me parait fondée en principe, et j'ose la recommander à votre excellence, avec d'autant plus d'intérêt, qu'il s'agit d'un militaire très distingué, possédant toutes les qualités propres à un excellent officier d'état-major, tant par sa capacité peu commune que par l'intelligence, le zèle et l'activité qu'il apporte dans ses fonctions.

Dans le cas où, contre mon attente, les prétentions de M. de Vilback seraient mal fondées et que la rigueur des réglemens s'opposerait à ce qu'on lui fît l'application de l'ordonnance du 28 août dernier, pour qu'il reprît son ancienneté, je croirais juste de lui accorder une place de chef de bataillon au choix, au moment où son ancienneté l'y aurait porté. Il y a dix ans que ce grade a été sollicité vivement pour lui; ses états de services sont honorables ; il sert depuis vingt-cinq ans, a dix-huit ans de grade, et je pense qu'on ne saurait appeler les faveurs du gouvernement sur aucun officier d'état-major qui en soit plus digne.

J'ai l'honneur, etc.

Le lieutenant général commandant la 9e *division militaire,*

Signé SOLIGNAC.

Paris, le 7 avril 1831.

Je me fais un plaisir, mon cher Vilback, de vous donner communication d'un entretien que j'ai eu tout récemment, relativement à vous, avec M. le général Pelet et M. Brahault. . . . .« M. de Vilback, m'a dit le général, n'est point un officier qui puisse croire que l'avancement à l'ancienneté soit le seul sur lequel il puisse compter ; il est à même de s'attendre à être compris dans les premières nominations qui se feront au choix. »

M. Brahault m'a expliqué avec toute franchise, à ce qu'il m'a paru, comme quoi on ne s'était pas senti à même de rapporter précisément la décision contre laquelle vous réclamez si légitimement. Vos services, vos droits sont hautement appréciés par cet estimable employé supérieur.

Je n'ai pas répondu plus tôt, parce que je me réservais de laisser calmer un mécontentement qui provenait peut-être de représentations exprimées par vous avec un peu de vivacité. J'ai dû voir que cette impression n'avait été que momentanée, et que M. le général Pelet est très franchement porté à reconnaître et à faire valoir vos droits et recommandations personnelles.

Signé comte E. CLÉMENT DE RIS.

Paris, le 14 septembre 1831.

. . . . . Vos honorables services, votre capacité, votre patriotique dévouement sont loyalement appréciés, croyez-moi, mon cher Vilback, au ministère de la guerre. . . .

Signé, comte E. CLÉMENT DE RIS.

MINISTÈRE

DE LA GUERRE.

—

Direction du personnel et des opérations militaires.

A M. le lieutenant-général commandant la division des Pyrénées-Occidentales.

Paris, le 3 mars 1835.

Général, j'ai reçu, avec votre lettre du 9 février dernier, un mémoire sur la formation de la réserve, rédigé par M. Renaud de Vilback, chef d'escadron, attaché à votre état-major.

Je vous remercie de cette communication et je vous prie de remettre à M. de Vilback la lettre ci-jointe, par laquelle je lui témoigne ma satisfaction du travail auquel il s'est livré, dans l'intérêt de l'armée.

Recevez, etc.

Signé le maréchal duc DE TRÉVISE.

MINISTÈRE

DE LA GUERRE.

—

Direction du personnel et des opérations militaires.

—

Bureau du recrutement et de la réserve.

A M. RENAUD DE VILBACK, *chef d'escadron attaché à l'état-major général de la division des Pyrénées-Occidentales.*

Paris, le 3 mars 1835.

Monsieur, le lieutenant général comte Harispe m'a transmis le mémoire que vous avez rédigé sur la formation d'une réserve.

J'en ai pris connaissance, et je me plais à reconnaître qu'il contient de bonnes vues, et des principes qui honorent son auteur.

Recevez donc, monsieur, le témoignage de ma satisfaction, pour le travail auquel vous vous êtes livré dans un but d'intérêt général.

Recevez, etc.

Le Président du conseil, ministre de la guerre,
Signé le maréchal duc DE TRÉVISE.

<table>
<tr><td>

Division des Pyrénées-
Occidentales.

</td><td>

Au Ministre de la guerre.

Bayonne, 24 avril 1835.

</td></tr>
</table>

Monsieur le Ministre,

J'ai l'honneur de vous transmettre un nouveau mémoire de M. le chef d'escadron d'état-major Renaud de Vilback. Ce travail prouve dans cet officier supérieur non seulement de la facilité, mais un esprit d'observation peu commun. On peut différer avec lui sur la portée des moyens qu'il indique pour remédier aux abus malheureusement trop vrais de la contrebande, mais je ne puis m'empêcher de croire que la nouvelle délimitation de la frontière qu'il propose fût d'un grand avantage pour la France et que le moment soit opportun pour l'obtenir. Quelle que soit votre opinion sur cet objet important, vous croirez sans doute juste de témoigner à M. de Vilback votre satisfaction de la manière dont il emploie les loisirs que lui laissent ses devoirs qu'il remplit d'ailleurs avec le plus grand zèle.

Recevez, etc.

Signé Comte HARISPE.

<table>
<tr><td>

MINISTÈRE
DE LA GUERRE.

—

Direction du personnel.

—

Bureau des opérations
militaires.

</td><td>

A M. le lieutenant-général comte HARISPE, *commandant la division des Pyrénées-Occidentales.*

Paris, le 9 mai 1835.

</td></tr>
</table>

Général, j'ai reçu votre lettre du 24 avril, accompagnée d'un mémoire du chef d'escadron Renaud de Vilback, sur la délimitation des frontières des Pyrénées et sur la contrebande ; j'en adresse copie, à titre de renseignement, à MM. les ministres des affaires étrangères et des finances. Je vous prie de remercier M. de Vilback de ce nouveau mémoire qui est en effet une nouvelle preuve de son zèle pour le bien public.

Recevez, etc.

Le ministre secrétaire-d'état de la guerre,

Signé marquis MAISON.

Division des Pyrénées-Occidentales.

Au Ministre de la guerre.

Bayonne, le mai 1855.

MONSIEUR LE MARÉCHAL,

J'ai l'honneur de vous transmettre un mémoire sur l'habillement et l'équipement des troupes d'infanterie, par MM. le colonel *Rambaud*, du 48ᵉ de ligne, et *Renaud de Vilback*, chef d'escadron de l'état-major attaché à cette division. Ces deux officiers supérieurs se sont livrés à une étude approfondie de leur sujet ; ils ont fait confectionner et corriger à plusieurs reprises tous les objets d'habillement et d'équipement ; enfin ils m'ont présenté un soldat complètement habillé et équipé d'après leur système. La plus grande partie des changemens m'a paru d'une grande utilité ; tous dénotent un grand esprit d'observation et des vues utiles. Ce mémoire me paraît très bien raisonné et très digne d'attention.

Je crois donc, monsieur le maréchal, devoir vous recommander le mémoire de MM. *Rambaud* et *Renaud de Vilback*. Quelle que soit votre opinion sur leurs propositions, vous jugerez, sans doute, convenable de leur témoigner votre satisfaction du travail auquel ils se sont livrés.

Recevez, etc.

Signé Comte HARISPE.

A M. le colonel RAMBAUD, *du 48ᵉ régiment de ligne,*
à Bayonne.

Saint-Amans-Labastide, le 22 mai 1835.

Mon cher colonel, j'ai lu avec beaucoup d'intérêt le mémoire
que vous m'avez communiqué de concert avec le chef d'escadron *Renaud de Vilback*, sur l'habillement et l'équipement des
troupes d'infanterie, dont vous avez l'intention de faire l'envoi
au ministre de la guerre. Les vues qu'il renferme, fruit de vos
judicieuses observations, m'ont paru de nature à être favorablement accueillies : il en est qui, selon moi, sont de nature à
être prises immédiatement en considération, d'autant que depuis longtemps l'utilité en est reconnue et que le projet avait
été d'en faire mettre à l'essai avant de les adopter comme rè-
gles ; moi-même je m'en étais occupé. Mais il s'y trouve des
propositions qui paraîtront ne pouvoir être accueillies, les
avantages qui en résulteraient pour le bien-être des troupes,
ni même l'économie, n'étant pas suffisamment démontrés ; d'ailleurs l'on craindra, peut-être avec raison, de s'exposer à de
nouvelles critiques trop souvent justifiées par notre instabilité.
Quoi qu'il en soit, votre mémoire est de nature à fixer l'attention, et à ce titre, je vous remercie de m'en avoir donné connaissance.

Je vous prie de faire part de ma lettre à M. le chef d'escadron Renaud de Vilback, à qui j'écris les quelques lignes sui-
vantes.

Je vous renouvelle, mon cher colonel, l'assurance, etc.

Signé maréchal DUC DE DALMATIE.

A M. le chef d'escadron d'état-major RENAUD DE VILBACK,
à Bayonne,

Saint-Amans-Labastide, le 7 juin 1835.

Monsieur, j'ai lu avec intérêt le mémoire sur l'organisation
de la réserve, que vous avez adressé au ministre de la guerre,

le 7 février, et dont vous avez eu la bonté de me donner communication le 26 mai suivant. Les vues qu'il renferme sont trop conformes à l'esprit de l'instruction du 16 novembre 1833, pour que je n'aie motif d'y applaudir, et je ne suis pas surpris que l'estimable M. Pagezy, votre ami, vous ait mandé que le général Miot l'avait accueilli avec faveur. C'est qu'en effet toutes les propositions qui font l'objet de votre mémoire devaient successivement recevoir les développemens nécessaires et être mises à exécution, si l'on parvenait à obtenir de la législature les fonds indispensables, et à mettre d'accord les différentes opinions que la discussion a fait produire. Mais la question est trop vitale pour qu'on puisse douter qu'elle ne soit reprise, et lorsque cela aura lieu, vous aurez, Monsieur, le mérite d'avoir concouru au succès qui tôt ou tard ne peut lui manquer.

Recevez, etc.

Signé le maréchal DUC DE DALMATIE.

A M. le chef d'escadron RENAUD DE VILBACK, *à Bayonne,*

Saint-Amans-Labastide, le 19 juin 1835.

Monsieur, je vous suis bien reconnaissant de la communication que vous m'avez donnée par vos lettres des 4 et 6 de ce mois, des deux mémoires adressés par vous au ministère de la guerre ; l'un, sous la date du 10 avril, sur la délimitation de la frontière des Pyrénées et sur la contrebande ; l'autre, du 21 mai, sur l'éventualité d'une intervention en Espagne. Les vues qu'ils renferment doivent avoir été accueillies avec d'autant plus d'intérêt, qu'elles sont toutes de circonstance. Pour mon compte, je les reconnais comme très fondées et méritant d'être prises en considération ; aussi je fais des vœux pour que l'attention du gouvernement s'y arrête, ne doutant point de leur efficacité s'il en est fait application au moins pour celles qui seront jugées praticables.

Recevez, etc.

Signé le maréchal DUC DE DALMATIE.

MINISTÈRE
DE LA GUERRE.

A M. le chef d'escadron RENAUD DE VILBACK, *à Bayonne.*

Paris, 20 juillet 1835.

Je suis bien aise de vous annoncer, mon cher commandant, que sur mon rapport le ministre vous a accordé la carte d'Espagne du dépôt de la guerre.

Le lieutenant-général Pelet s'est prêté de bonne grâce à la demande que je lui avais faite d'abord; mais en échange de sa complaisance, il a, avec juste raison, exigé l'envoi de vos mémoires au dépôt de la guerre. C'est un sacrifice que je n'ai pas fait sans regret, mais je n'ai pas hésité à le consentir, afin de vous faire obtenir plus sûrement le témoignage de satisfaction que le ministre vous accorde par une lettre qui vous parviendra probablement en même temps que celle-ci.

Je suis charmé de mon côté d'avoir trouvé occasion de vous être agréable.

Recevez, etc.

Le général,

Signé MIOT.

MINISTÈRE
DE LA GUERRE.

Direction du person-
nel et des opéra-
tions militaires.

Bureau des États-
Majors.

A M. le chef d'escadron d'état-major RENAUD DE VILBACK,
attaché à la division des Pyrénées-Occidentales.

Paris, 21 juillet 1835.

J'ai reçu, Monsieur, les mémoires que vous m'avez adressés sur des questions d'art militaire et d'intérêt général.

Je vous remercie de cette communication, et je me fais un plaisir de mettre à votre disposition, ainsi que vous l'avez désiré, et en témoignage de ma satisfaction, un exemplaire de la carte d'Espagne faisant suite à celle de Lecapitaine.

Cette carte vous sera ultérieurement adressée par le directeur du dépôt de la guerre.

Recevez, etc.

Le Maréchal ministre de la guerre,

Signé Mis MAISON.

MINISTÈRE
DE LA GUERRE.

—

*Direction du dépôt
de la guerre.*

A M. le lieutenant-général comte HARISPE, *commandant
la division des Pyrénées-Occidentales.*

Paris, le 25 juillet 1835.

MON CHER GÉNÉRAL,

Le ministre m'a renvoyé, pour être déposés aux archives du
dépôt de la guerre, trois mémoires qui lui ont été adressés par
M. le chef d'escadron *Renaud de Vilback*, employé à l'état-major de la division que vous commandez. Ces trois mémoires
traitent de la délimitation de la frontière d'Espagne, de l'éventualité d'une intervention dans ce royaume, et enfin de l'habillement et de l'équipement des troupes d'infanterie.

M. le maréchal m'a chargé en même temps de vous faire
parvenir, pour être remis à cet officier supérieur, un exemplaire de la carte d'Espagne, dressée en 1823 au dépôt de la
guerre, avec les feuilles corrigées des provinces du Nord.

En vous envoyant ces deux cartes par le courrier de ce
jour, je vous prie d'avoir la bonté de joindre les témoignages
de ma satisfaction particulière à ceux que le ministre a bien
voulu adresser à *M. Renaud de Vilback.*

Agréez, etc.

Le lieutenant-général-directeur,
Signé PELET.

MINISTÈRE
DE LA GUERRE.

—

*Direction
de l'administration.*

—

Bureau
de l'habillement.

A M. le lieutenant-général comte HARISPE, *commandant
la division des Pyrénées-Occidentales.*

Paris, le 31 juillet 1835.

Général, vous m'avez fait l'honneur de me transmettre un
mémoire sur l'habillement et l'équipement des troupes d'infanterie, rédigé par M. le colonel *Rambaud* et M. le chef d'escadron *Renaud de Vilback.*

J'ai lu avec intérêt ce mémoire, qui témoigne hautement du

zèle des officiers supérieurs qui l'ont rédigé, et de leur désir de coopérer au bien-être du soldat ; les propositions qu'il renferme sont soumises à un examen approfondi ; mais il serait nécessaire que les modèles des effets d'habillement dont il indique les formes et le mode de confection me fussent transmis.

Je vous prie, général, d'inviter M. le colonel Rambaud à me les envoyer, à l'exception du schako et du bonnet de police.

Recevez, etc.

Le maréchal ministre de la guerre,
Signé, marquis MAISON.

A M. *le général* MIOT.

Bayonne, 10 septembre 1835.

MON GÉNÉRAL,

Je ne voulais pas répondre à la bienveillante lettre que vous m'avez fait l'honneur de m'écrire, sans vous envoyer une copie des mémoires en remplacement de celle que vous aviez la bonté de regretter. Mes occupations, augmentées par le congé du colonel chef d'état-major dont je remplis les fonctions, et par l'absence du lieutenant-général qui fait son inspection, me laissent à peine le temps de penser à autre chose que les affaires de service. Cependant l'indulgence avec laquelle le ministre a accueilli mes petits travaux et l'importance des circonstances m'ont inspiré l'idée de lui soumettre de nouvelles réflexions sur la situation de l'Espagne.

Serez-vous assez bon pour les mettre sous ses yeux comme venant directement de moi ; et pour me faire connaître si ce nouveau travail aura mérité son approbation et la vôtre ?

Je vous envoie copie des deux premiers mémoires ; je ferai faire une copie des trois derniers que je vous prierai de vouloir bien accepter.

Recevez, etc.

Le chef d'escadron,
Signé RENAUD DE VILBACK.

A M. le maréchal ministre de la guerre.

Bayonne, 10 septembre 1835.

Monsieur le Maréchal,

L'indulgence avec laquelle vous avez bien voulu accueillir les différens mémoires que je vous ai présentés, notamment le dernier sur l'*éventualité d'une intervention,* ne m'aveugle pas au point de me faire croire que je doive être appelé aux conseils du gouvernement sur les affaires d'Espagne. Je sais que les ministres sont beaucoup mieux informés que moi des événemens. Mais les faits se présentent successivement à leur esprit, au milieu des préoccupations de mille autres affaires importantes, et j'ai pensé qu'un aperçu général, un résumé de la situation qui, à défaut d'autre mérite, aurait celui d'être dégagé de toute espèce d'esprit de parti, de coterie ou d'intérêt personnel, pourrait être utile.

Pour faire apprécier une opinion, il faut la dire tout entière, sans restriction. C'est ce que j'ai fait, et dès lors j'ai dû prendre le parti de m'adresser directement à vous, monsieur le Maréchal, pour ne faire peser sur personne la responsabilité d'aucune de mes idées, ou n'être point dans l'obligation de les modifier.

J'ai l'honneur, etc.

Le chef d'escadron,
Signé Renaud de Vilback.

MINISTÈRE

DE LA GUERRE.

A M. le chef d'escadron Renaud de Vilback, *à Bayonne.*

Paris, 22 septembre 1835.

Mon cher commandant, j'ai reçu avec votre lettre du 10 de ce mois les nouvelles copies que vous avez bien voulu m'envoyer de vos mémoires que je tiens à conserver et dont je vous remercie.

Ne travaillant point avec le ministre, j'ai remis au lieutenant-général-directeur la lettre que vous m'avez fait parvenir pour M. le maréchal, et je ne doute pas que le ministre ne soit satisfait de votre nouveau travail.

Recevez, etc.

Le général,
Signé MIOT.

A M. le chef d'escadron RENAUD DE VILBACK, *à Bayonne.*

Bayonne, 10 octobre 1835.

MONSIEUR,

Heureux de la mission que Son Excellence M. le duc de Frias, ambassadeur d'Espagne à Paris, a daigné me confier, je m'empresse de la remplir, vous remerciant de la part de mon digne chef pour les intéressantes notes dont votre bonté m'a honoré, concernant l'organisation de mon pays. Pour vous mettre à même de connaître les sentimens de Son Excellence, permettez, Monsieur et cher ami, que je retrace ci-dessous ses expressions.

« Avec la dépêche confidentielle du 29, j'ai reçu la copie » d'une note que *M. Renaud de Vilback* vous a remise sur » vos instances. J'ai pris connaissance de son contenu, et je » vous charge de présenter, en mon nom, à M. Vilback, mes » remerciemens pour ses intentions bienveillantes en faveur » de notre cause. Vous pouvez envoyer directement au minis- » tère des affaires étrangères une autre copie de la note men- » tionnée pour les fins correspondantes, en insérant, si vous le » jugez convenable, que vous le faites d'après mon indication. »

Puisse cette preuve de la faveur que Son Excellence accorde à votre estimable travail vous être agréable; quant à moi, soyez persuadé que j'adresse, avec ma faible recommandation, à mon gouvernement, ce mémoire qu'il saura apprécier et qui me proportionne une nouvelle occasion de vous témoigner combien est digne de ma reconnaissance cette marque de votre zèle désintéressé.

Veuillez, etc.

Le consul d'Espagne,
Signé JUAN DE PRAT.

MINISTÈRE
DE LA GUERRE.

—

*Direction du dépôt
de la guerre.*

A M. le chef d'escadron RENAUD DE VILBACK, *à Bayonne.*

Paris, le 7 novembre 1835.

Monsieur, j'ai reçu, avec votre lettre du 30 octobre, les deux mémoires que vous m'avez adressés. Je les ai lus avec intérêt, et ils n'ont pu que me confirmer dans l'opinion favorable que j'avais de votre instruction.

La commission, chargée de présenter au ministre la liste des candidats susceptibles d'être proposés pour l'avancement au choix du roi, n'a pas encore été convoquée. Aussitôt qu'elle sera réunie, je me ferai un plaisir de lui présenter et de faire valoir près d'elle les titres que vous assurent vos services et vos travaux.

Recevez, Monsieur, etc.

Le lieutenant-général-directeur,
Signé PELET.

A M. le chef d'escadron d'état-major RENAUD DE VILBACK,
à Bayonne.

Saint-Amans, le 14 novembre 1835.

Monsieur, je vous remercie de nouveau de votre complaisance à me continuer la communication de vos rapports à M. le ministre de la guerre sur l'état des affaires d'Espagne qui, de jour en jour, deviennent plus imprévues et plus difficiles à gouverner, même pour leur assigner une issue raisonnable. Les réflexions que vous faites sur cette incertitude et sur les chances du pouvoir actuel, en indiquant l'unique remède qui puisse sauver ce pays d'une épouvantable anarchie, sont parfaitement justes; mais je crains qu'il ne se rencontre des difficultés insurmontables pour obtenir ce remède; et dans cette situation, je dirai presque désespérée, nous ne pouvons que rester dans l'expectative des événemens, et faire des vœux pour qu'il en sorte quelque moyen de salut, qui mette fin aux souffrances de nos malheureux voisins. Dans cette attente, je vous prierai, Monsieur, de me continuer vos communications, et d'être assuré de l'intérêt qu'elles m'inspirent.

Recevez, etc.

Signé le maréchal DUC DE DALMATIE.

Au ministre de la guerre.

Bayonne, le 10 décembre 1835.

MONSIEUR LE MARÉCHAL,

J'ai déjà eu l'honneur de vous présenter, à l'époque de l'inspection générale des officiers d'état-major de ma division, *M. Renaud de Vilback*, chef d'escadron d'état-major, pour le grade de lieutenant-colonel.

Les notes que j'ai données alors à cet officier supérieur vous prouveront suffisamment, sans doute, les sentimens d'une estime toute particulière qu'il m'a inspirée et ses droits à un avancement bien mérité ; mais je regarde comme un devoir d'insister encore auprès de vous en faveur de cet officier, qui a acquis de nouveaux droits à votre bienveillance, en remplissant à ma complète satisfaction et avec un travail opiniâtre, pendant trois mois, les fonctions de chef d'état-major de la division dans des circonstances difficiles à cause de mon éloignement pour mon inspection et de la création de la nouvelle 20ᵉ division militaire.

M. le commandant de Vilback n'a obtenu que tard le grade de chef d'escadron ; il est resté dix-neuf ans capitaine malgré de brillans services sous l'empire, la bienveillance signalée du brave général Maurice Mathieu, dont il fut l'aide-de-camp et l'ami ; malgré les plus pressantes demandes et les promesses les plus positives d'avancement.

En vous faisant présenter l'état des services de M. de Vilback, vous regarderez, sans doute, comme une justice de réparer, en faveur de cet officier, le temps perdu, et de l'élever en grade dans une arme à laquelle il fait honneur par son zèle et son instruction distinguée.

Recevez, etc.

Le lieutenant-général commandant la 20ᵉ *division militaire,*

Signé comte HARISPE.

MINISTÈRE
DE LA GUERRE.

—

*Direction
du personnel.*

—

Bureau des opérations
militaires.

A M. RENAUD DE VILBACK, *chef d'escadron d'état-major, à
la 20e division militaire, à Bayonne.*

Paris, 17 février 1836.

Monsieur, j'ai reçu le mémoire que vous m'avez adressé sur
l'état de l'Espagne. Ce travail intéressant est une nouvelle
preuve de votre zèle, comme de votre esprit d'observation. Je
me plais à vous témoigner ma satisfaction de cette manière
louable d'utiliser les momens dont votre service vous permet
de disposer.

Recevez, etc.

Le maréchal ministre de la guerre.

Signé Marquis MAISON.

Le chef d'escadron Renaud de Vilback avait été envoyé en
mission auprès du général en chef espagnol Cordova. — Peu
de temps après ce général écrivit au géuéral Harispe pour le
prier d'envoyer le même officier supérieur à *Larrasoaña, pour
une communication de la plus haute importance.* Le général
Cordova fut obligé de partir subitement pour Vittoria, d'où
il écrivit la lettre dont suivent les extraits :

Au chef d'escadron RENAUD DE VILBACK, *à Bayonne.*

Vittoria, 8 mars, 1836.

MON CHER MONSIEUR,

Je vous dois et vous fais mille remerciemens pour votre
bonne lettre du 4 courant, et suis bien peiné d'avoir dû m'ab-
senter sans vous entretenir sur des affaires majeures à la suite
desquelles vous auriez été probablement envoyé à Paris. Qui
sait alors si vous n'auriez pas pu contribuer beaucoup à lever
une partie des obstacles ou de la répugnance qui s'opposent à la

bonne terminaison des affaires de ce malheureux pays. . . . .

Les faits dont je voulais vous parler et les documens que je voulais vous montrer étaient de la plus haute portée et d'un vif intérêt, et pour cela même ils ne sont pas de nature à en parler ici. . . . .

Présentez mes devoirs, je vous en prie, à votre excellent général et agréez, mon cher monsieur, l'assurance de toute mon estime ainsi que de la reconnaissance que je vous dois pour l'intérêt que vous voulez bien me montrer.

Signé DE CORDOVA.

MINISTÈRE
DE LA GUERRE.

—

Division du personnel et des opérations militaires.

—

Remercier M. de Vilback de son mémoire sur l'emploi des troupes aux travaux d'utilité publique.

A M. le lieutenant-général comte HARISPE, *commandant la 20ᵉ division militaire et la division des Pyrénées-Occidentales, à Bayonne.*

Paris, le 8 août 1856.

Général, j'ai reçu avec la lettre que vous m'avez fait l'honneur de m'écrire, le 19 juillet dernier, un mémoire du chef d'escadron Renaud de Vilback, employé à l'état-major de votre division, sur l'emploi des troupes aux travaux d'utilité publique. Je vous prie de remercier cet officier, de ma part, pour l'envoi de ce nouveau travail qui fait honneur à son auteur, par la manière dont il a examiné et discuté les divers argumens pour et contre l'application des troupes aux travaux d'utilité publique et par les vues utiles qu'il propose. Je donne ordre que ce mémoire soit consulté et qu'il me soit rendu compte des modifications qu'il peut faire apporter dans le mode en usage.

Recevez, etc.

Le maréchal ministre de la guerre,
Signé, marquis MAISON.

Il parut en 1836 un volume de plus de 500 pages, intitulé *Révolution d'Espagne. — Examen critique. — 1820-1836. A Paris chez Paulin, libraire, rue de Seine, 33.*

L'auteur de ce livre imprimé par ses soins et à ses frais résidait et réside toujours à Bayonne. La traduction est de *Renaud de Vilback* et faite sous les yeux de l'auteur.

NOTE DU TRADUCTEUR.

C'est un pénible travail que celui de traduire lorsque ce n'est pas une spéculation d'intérêt ou d'amour-propre ; et le traducteur de cet ouvrage restera complètement étranger à sa publication : qu'il lui soit cependant permis de faire connaître le motif qui l'a porté à cette ingrate manière d'employer de bien courts loisirs arrachés à des occupations plus importantes pour lui. L'auteur est un des meilleurs, des plus purs écrivains de l'Espagne actuelle ; ce genre de mérite ne se retrouvera point, par malheur, dans la traduction ; mais il ne s'agit pas ici d'une œuvre littéraire ; c'est une œuvre politique, de conscience, de patriotisme, et, pour ne laisser aucun doute sur le désintéressement qui l'a inspirée, l'auteur a fait abnégation de toute prétention personnelle. Il n'a cherché que l'exactitude ; c'est le seul mérite de la traduction faite sous ses yeux. Le traducteur connaît l'Espagne (¹); il l'a étudiée, il l'aime parce que l'Espagne est l'alliée naturelle de la France, que les intérêts des deux pays sont communs. Il voit la malheureuse Péninsule, déjà dévorée par la guerre civile, marcher à grands pas vers des malheurs plus grands encore que ceux qui l'accablent ; il est convaincu que la France peut facilement y porter remède ; il croit que tout le monde en France partagerait son opinion si l'Espagne était mieux connue ; il cherche à répandre la lumière de la vérité sur ce pays où l'ignorance et les passions exaltées répandent le deuil et les ténèbres. — Les noms propres n'ont rien à faire avec de pareilles pensées.

Tous les journaux, et notamment *les Débats* et *le National*, rendirent compte de cet important ouvrage. — L'article du *National* portait la date du 10 octobre 1836.

(¹) Le traducteur a publié la brochure qui a pour titre : *De l'Espagne au mois de mars 1836.*

MINISTÈRE.

DE LA GUERRE.

—

abinet du ministre.

Paris, le 13 octobre 1836.

J'ai reçu, Monsieur, la lettre que vous m'avez adressée le 30 septembre dernier, ainsi que la traduction du mémoire sur la révolution d'Espagne, dont vous êtes auteur, et dont vous avez bien voulu me destiner un exemplaire. Dès que mes occupations me le permettront, je m'empresserai de lire cet ouvrage avec tout l'intérêt qu'il mérite.

Recevez, etc.

Le ministre secrétaire d'état de la guerre,
Signé BERNARD.

A M. le chef d'escadron RENAUD DE VILBACK, *à Bayonne.*

Soult-Berg, le 16 octobre 1836.

Mon cher monsieur de Vilback, j'ai lu avec beaucoup d'intérêt l'excellente note du 13 septembre, que vous aviez jointe à votre lettre du 20 du même mois ; il me tardait d'avoir une occasion pour vous en remercier, et je saisis avec empressement celle qui se présente, pour vous prier en même temps de continuer à me donner communication de vos judicieuses observations. Il parait que dans cette malheureuse Espagne les événemens se précipitent avec une rapidité effrayante ; dans d'autres pays l'on pourrait supposer qu'ils sont l'annonce d'un prochain dénouement. Mais pour l'Espagne, tout y est si fugitif, même les succès, que l'on ne saurait s'arrêter à aucune prévision raisonnable ; toutefois, nous ne pouvons que déplorer les horreurs qui s'y commettent, et avec d'autant plus de regrets, que malheureusement nous sommes réduits au triste rôle de spectateurs bénévoles.

Je vous renouvelle, mon cher monsieur de Vilback, l'assurance des sentimens que vous me connaissez.

Signé maréchal duc DE DALMATIE.

La fin de 1836 et les sept premiers mois de l'année 1837 présentèrent encore plus d'occupations au chef d'escadron Renaud de Vilback. Outre ses devoirs et l'éducation de son fils, qu'il avait gardé seul auprès de lui, il rédigea, corrigea, fit imprimer à Bayonne, dans l'imprimerie de la veuve Cluzeau, un nouveau volume contenant ses *Lettres sur l'enseignement musical*, dont ci-dessous la préface en extrait.

La meilleure préface d'un ouvrage d'enseignement, c'est la preuve des résultats auxquels peuvent conduire les idées qu'il renferme. Voici un extrait de la *Sentinelle des Pyrénées* qui doit servir de préambule à ces lettres. Elles ont été imprimées à petit nombre, dans le seul but d'en procurer des copies exactes à quelques amis qui en avaient de fautives, à quelques autres qui en demandaient. — L'auteur ne peut espérer ni profit ni gloire de cette publication, qui ne présente à peu près rien de nouveau, si ce n'est la réunion des faits, des observations, des citations nombreuses qu'il contient. Mais il croit à l'utilité de ce travail qui résume tout ce qu'il y a de nécessaire à savoir pour l'enseignement de la musique élémentaire, dans le nombre assez considérable de volumes qu'il a fallu lire, et quelquefois étudier pour écrire celui-ci.

Au rédacteur de la SENTINELLE DES PYRÉNÉES.

Bayonne, 15 décembre 1835.

MONSIEUR,

On lit dans le *National* du 7 décembre l'article suivant :
« On parle d'une petite merveille musicale. . . . .
. . . . »
On peut d'autant moins révoquer en doute cet article à Bayonne, qu'une foule de personnes ont pu y voir, y entendre, y juger une autre petite merveille musicale, peut-être plus étonnante. . . . .
. . . .
Le jeune Renaud de Vilback a maintenant six ans et demi.
. . . .
. . . . . . La musique est pour lui une véritable langue qu'il comprend et qu'il parle comme sa langue maternelle, sans savoir encore ni la parler ni la lire.

Le jeune Renaud de Vilback est né aveugle à Montpellier.

La cataracte lui a été enlevée par le docteur Lallemand, il n'y a pas plus d'un an ou quinze mois ; sa vue est encore incertaine. Peut-être doit-il à cette circonstance le développement extrême de la sensibilité de l'ouïe et son aptitude à la musique.

Mais il ne suffit pas, on le sent bien, pour obtenir de pareils résultats d'une organisation musicale extraordinaire, ni d'une grande intelligence dans un enfant. Il faut encore, à ceux qui le dirigent, une méthode puissante, il leur faut la patience, le dévouement nécessaires pour la mettre à sa portée. Toutes ces circonstances se sont réunies en faveur du jeune Renaud de Vilback. Puisse son âge mûr tenir les promesses de son enfance, nous aurons un grand artiste de plus.

Recevez, etc.

Signé UN AMATEUR DE MUSIQUE.

(L'auteur de cette lettre est un colonel connu par son goût pour la musique, et dont l'aimable femme est excellente musicienne.)

Lorsque le chef d'escadron Renaud de Vilback partit en congé de Bayonne, au mois d'août 1837, l'impression de ses *Lettres sur l'enseignement musical* n'était pas encore terminée.

Les soins d'éducation qu'un père seul pouvait donner et diriger dans une position tout exceptionnelle ont déjà porté leurs fruits.

Plusieurs journaux ont constaté les progrès, les travaux, les succès de l'artiste de douze ans, notamment :

La *Revue et Gazette musicales*, du 5 juillet 1840 ;

Feuilleton du *Moniteur industriel*, 14 mars 1841 ;

Autre article de la *Gazette*, sous le titre de *Merveilles musicales*, répété par le *Constitutionnel* du 23 mai 1841 ;

La *France musicale*, 23 mai 1841 ;

Autre feuilleton du *Moniteur industriel*, sous le titre du *Petit Mozart*, 4 juillet ;

Nouveau feuilleton du même journal, 25 juillet 1841 ;

Un dernier article du *Moniteur industriel*, du 5 septembre 1841, est ainsi conçu :

LE PETIT MOZART.

Le petit Mozart du *Moniteur industriel*, l'une des merveilles de la *Revue et Gazette musicales* et du *Constitutionnel*, le jeune Renaud de Vilback, vient de recevoir de la Reine et de madame la duchesse d'Orléans un témoignage aussi flatteur que bien choisi de bienveillance. C'est doubler le bienfait qu'y mettre cette délicatesse. Quelques-unes des nombreuses productions de Renaud de Vilback avaient été présentées aux Princesses ; S. M. avait autorisé la dédicace de l'une d'elles, une grande valse pleine d'originalité et de goût, à la princesse Clémentine. La Reine et madame la duchesse d'Orléans viennent de faire don au jeune artiste d'un orgue expressif qui lui sera d'une grande utilité pour la composition. Nulle faveur n'est mieux méritée, selon nous qui connaissons le doux et modeste enfant, mais assurément aucune ne fut jamais accuelllie avec une joie plus pure, avec une plus grande reconnaissance.

*A M. le Procureur du Roi prèś le tribunal de première
instance de la Seine.*

Paris, le   septembre 1841.

MONSIEUR,

Je me suis présenté pour avoir l'honneur de vous voir au
sujet de l'affaire de *Charenton,* ou plutôt de deux personnes
qui y sont impliquées.

Je ne connais pas les détails de cette affaire, mais parfaitement *MM. Hamond* et *Renaud de Vilback.*

Le premier est un ingénieur habile, modeste, désintéressé;
il l'a prouvé six ans de suite dans la direction des travaux des
mines du Vigan, dont je suis l'un des concessionnaires.

Le second est mon ami d'enfance, mon allié par sa femme.
Je ne puis croire, jusqu'à preuve évidente, matérielle du con-
traire, que l'on ait un reproche fondé sur l'honneur, la pro-
bité, la délicatesse à faire à aucun d'eux.

Quant à s'être associés pour l'affaire de Charenton, j'ai la
certitude que c'est une assertion sans fondement.

MM. Hamond et de Vilback, l'un ingénieur, celui-ci directeur des mines du Vigan, s'étaient associés pour une invention
nouvelle, pour une machine à vapeur pour les routes ordinai-
res, qui fut construite aux mines mêmes sous nos yeux. Mais
en 1834, M. de Vilback, envoyé à l'état-major de Bayonne en
sa qualité de chef d'escadron, se sépara par le fait de M. Hamond. — Celui-ci fit, en 1835 et 1836, un voyage en Allema-
gne et à Paris, et se rendit adjudicataire de Charenton.

Nous apprîmes plus tard la formation d'une Société. M. de
Vilback était toujours à Bayonne. Je le vis plusieurs mois après,
à son passage à Montpellier, se rendant à Paris en congé; in-
certain s'il y resterait ou retournerait à Bayonne. Avec ce dernier parti, son avancement était assuré; d'autre part, il espé-
rait trouver à Paris des ressources pour l'éducation de son
fils, et l'affaire de Charenton lui paraissait bonne, honorable,
présentant un grand avenir, d'après ce que lui écrivait M. Ha-

mond. Je ne pouvais malheureusement lui donner aucun renseignement ; personne alors n'avait de motif de défiance contre le meneur de cette affaire, M. Cléeman, qui nous était totalement inconnu, et dont M. Hamond est assurément la victime et non le complice, s'il y a du mal. Dans tous les cas, M. de Vilback est, pour tout ce qui précède son arrivée à Paris, en août ou septembre 1837 ([1]), complètement étranger à l'un ainsi qu'à l'autre dans cette affaire. J'en ai la conviction la plus intime, et je crois devoir en faire la déclaration devant vous, dans l'intérêt de la vérité.

Veuillez agréer, etc.

Signé **Z. GRANIER**,

Député de l'Hérault, maire de Montpellier

([1]) Note de R. de V.

L'acquisition de M. Hamond est du 6 juillet 1836.

L'acte de société est du 26 mars 1837.

Imprimerie de FÉLIX MALTESTE et Cie , rue des Deux-Portes-Saint-Sauveur, 18.